JN112203

Continue Studying English Every Day!

毎日続ける！
英語リスニング2

・英検2級レベル・

木村達哉 著

三省堂

はじめに

　みなさん、こんにちは。木村達哉です。まずはこの本を手に取ってくださってありがとうございます。

　この本はリスニングの点数が伸びなくて悩んでいる人のために書きました。挫折せずに最後まで続けてもらえればかなりのリスニング力が身につく本です。どうすればリスニング力が身につくのか。いろんな方法はあるにしても、大切な点は2点です。1つはトレーニングをすること。そしてもう1つはそのトレーニングを続けること。その2つを常に意識しておけば、リスニング力は上がってきます。確実に力が身についてきます。間違いありません。

　この本では、単に問題を解くだけではなく、基本的なリスニングのトレーニングを行ってもらいます。ディクテーションから始まり、分析的にリーディングを行った上でオーバーラッピングやシャドーイングを行い、最終的には日本語を英語に直すバックトランスレーションまでが流れとなります。各 DAY に貼り付けた QR コードから動画を見ることができ、その中でやり方を説明していますので、必ず動画をチェックするようにしてください。また、トレーニングを続けられるよう、その動画の中で続けるためのメッセージを発信しています。必ずチェックし、トレーニング方法を知るだけでなく、挫折しないようにしてくださいね。

　リスニングは得点源です。続ければ必ず点数が伸びます。最後までこの本の指示に従って、トレーニングを続けていってください。応援しています！

木村達哉

目次

専用アプリで音声無料ダウンロード

書名を選んでクラウドマークをタップ！

Webでも音声を無料で提供しています。
https://tb.sanseido-publ.co.jp/gakusan/mainichi-l/ ▶

本書の構成

本書は、DAY1〜14までの全14レッスンから成り、2週間であなたのリスニング力を飛躍的にアップさせる教材です。まずは、各レッスンの学習予定日を書き入れ、その計画通りに学習を進めましょう。また、各レッスンの終わりには著者のワンポイントアドバイス動画もついていますので、毎日の学習の締めくくりに見てみよう。

Question

まずは内容が聞き取れているか、チェックしよう。ただし、正解したかどうかに一喜一憂することなく、各 Mission のトレーニングに励もう。

学習予定日 / 学習日 /

学習予定日・学習日

まずは全レッスンの学習予定日を書き入れ、その通りに学習を進めよう。

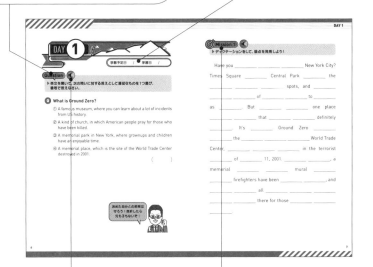

 音声マーク

このマークがある部分は音声を聞いてトレーニングを行おう。

 Mission 1

英文がどれだけ聞き取れているかディクテーションをして確認しよう。

※ディクテーション
…聞き取った英文を書き取るトレーニング。

Mission 2

ディクテーションでどこが聞き取れて、どこが聞き取れなかったのかを確認しよう。きちんと聞き取れていなかった箇所が弱点だ。

Mission 3

英文内に知らない単語や表現があれば、ここでしっかり確認しよう。

Question の解答

前ページの Question の答え合わせをしよう。問題文と選択肢の和訳は P94-95の「Questionの日本語訳」を参照しよう。

Mission 4

英文の意味がきちんと理解できているか確認しよう。解答は次ページの英文訳で確認しよう。

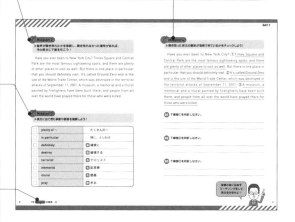

英文訳

聞き取った英文の和訳を見て、どれだけ意味が理解できているか確認しよう。

Mission 5

英文をしっかりと理解した後で、Mission 2にある英文スクリプトを見ながら、オーバーラッピング・シャドーイングをそれぞれ10回ずつ行おう。

※オーバーラッピング
…英文スクリプトを見ながら、音声と同時に声を出す音読トレーニング。
※シャドーイング
…英文スクリプトを見ずに、音声を追いかけるように声を出す音読トレーニング。

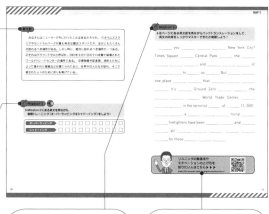

Mission 6

英文を脳にしっかりと刷り込んだら、最後の仕上げに、日本語を見ながら英語にできるか確認しよう。

ワンポイントアドバイス

著者からのワンポイントアドバイス動画が見られるよ。毎日の学習の締めくくりに見てみよう。

学習予定日 　/　　学習日　/

Question

▶英文を聞いて、次の問いに対する答えとして適切なものを1つ選び、番号で答えなさい。

Q What is Ground Zero?

① A famous museum, where you can learn about a lot of incidents from US history.

② A kind of church, in which American people pray for those who have been killed.

③ A memorial park in New York, where grownups and children have an enjoyable time.

④ A memorial place, which is the site of the World Trade Center destroyed in 2001.

(　　　　)

決めた自分との約束は
守ろう！挫折したら
元も子もないぞ！

Mission 1

▶ディクテーションをして、弱点を発見しよう!

Have you _____ _____ _____ New York City?

Times Square _____ Central Park _____ the

_____ _____ _____ spots, and _____

_____ _____ of _____ _____ to _____

as _____. But _____ _____ one place

_____ _____ that _____ _____ definitely

_____. It's _____ Ground Zero _____

_____ the _____ _____ _____ World Trade

Center, _____ _____ _____ in the terrorist

_____ of _____ 11, 2001. _____ _____, a

memorial _____ _____ mural _____

_____ firefighters have been _____ _____, and

_____ _____ all _____ _____ _____

_____ _____ there for those _____ _____

_____.

Mission 2

▶音声が聞き取れたかを確認し、聞き取れなかった箇所があれば、その部分に下線を引こう！

Have you ever been to New York City? Times Square and Central Park are the most famous sightseeing spots, and there are plenty of other places to visit as well. But there is one place in particular that you should definitely visit. It's called Ground Zero and is the site of the World Trade Center, which was destroyed in the terrorist attacks of September 11, 2001. A museum, a memorial and a mural painted by firefighters have been built there, and people from all over the world have prayed there for those who were killed.

Mission 3

▶英文に出てきた単語や表現を確認しよう！

☐	plenty of ～	たくさんの～
☐	in particular	特に、とりわけ
☐	definitely	副 確実に
☐	destroy	動 破壊する
☐	terrorist	名 テロリスト
☐	memorial	名 記念碑
☐	mural	名 壁画
☐	pray	動 祈る

Mission 4

▶聞き取った英文の意味が理解できているかをチェックしよう！

Have you ever been to New York City? ① Times Square and Central Park are the most famous sightseeing spots, and there are plenty of other places to visit as well. But there is one place in particular that you should definitely visit. ② It's called Ground Zero and is the site of the World Trade Center, which was destroyed in the terrorist attacks of September 11, 2001. ③ A museum, a memorial and a mural painted by firefighters have been built there, and people from all over the world have prayed there for those who were killed.

Q1 下線部①を和訳しなさい。

_____

_____

Q2 下線部②を和訳しなさい。

_____

_____

Q3 下線部③を和訳しなさい。

_____

_____

音読の前には必ず
リーディングをして
英文を分析せよ！

英文訳

　みなさんはニューヨーク市に行ったことはあるだろうか。　①タイムズスクエアやセントラルパークが最も有名な観光スポットだが、ほかにもたくさんの訪れるべき場所がある。しかし特に、絶対に訪れるべき場所が一つある。②それはグラウンドゼロと呼ばれ、2001年９月11日のテロ攻撃で破壊されたワールドトレードセンターの場所である。　③博物館や記念碑、消防士たちによって描かれた壁画などが建てられており、世界中の人たちが訪れ、そこで殺された人々のために祈りを捧げている。

Mission 5

▶Mission 2にある英文を見ながら、
　音読トレーニング（オーバーラッピング＆シャドーイング）をしよう！

オーバーラッピング	☐ ☐ ☐ ☐ ☐ ☐ ☐ ☐ ☐ ☐
シャドーイング	☐ ☐ ☐ ☐ ☐ ☐ ☐ ☐ ☐ ☐

Mission 6

▶左ページにある英文訳を見ながらバックトランスレーションをして、
英文の内容をしっかりマスターできたか確認しよう！

_____ you _____ _____ _____ New York City?

Times Square _____ Central Park _____ the _____

_____ _____ _____, and _____ _____ _____ of

_____ _____ to _____ as _____. But _____ _____

one place _____ _____ that _____ _____ _____

_____. It's _____ Ground Zero _____ _____ the

_____ _____ _____ World Trade Center, _____

_____ _____ in the terrorist _____ of _____ 11, 2001.

_____ _____, a _____ _____ _____ mural _____

_____ firefighters have been _____ _____, and _____

_____ all _____ _____ _____ _____ _____

_____ for those _____ _____ _____.

リスニングの勉強法や
モチベーションの上げ方を
知りたい人はこちら▶▶▶
https://tb.sanseido-publ.co.jp/gakusan/mainichi-l/

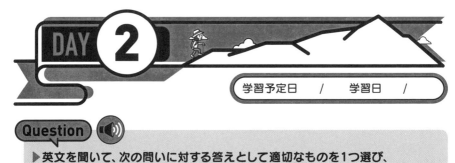

Question 🔊

▶英文を聞いて、次の問いに対する答えとして適切なものを1つ選び、番号で答えなさい。

Q **What should you do when you need to go to a toilet while going out in London?**

① You have to pay some money to use one.

② You have to look for a big bookstore.

③ You have to go into a hotel to use a pay toilet.

④ You have to ask a clerk at convenience stores to use one.

（　　　　）

ディクテーションは
細部を聞く習慣にも
なる！必ずやろう！

▶ディクテーションをして、弱点を発見しよう！

You _____ _____ have _____ _____ a

toilet _____ _____ _____ around _____

_____ _____ Japan. _____, convenience

_____, supermarkets, _____, etc. all _____

_____, and _____ _____ _____ them

_____ ease. _____ London, _____ the

_____ hand, it's _____ _____ _____ to

_____ _____ toilet. There are _____ no toilets

in _____ or _____ lobbies for customers to

_____. So, when you _____ _____ there, you

have to _____ _____ the toilet of _____

_____ room many times _____ going _____. If

_____ _____ to _____ _____ _____

toilet _____ _____ _____ _____, you

_____ _____ use _____ pay _____ at big

_____ or hamburger shops.

13

▶音声が聞き取れたかを確認し、聞き取れなかった箇所があれば、
その部分に下線を引こう！

You will rarely have trouble finding a toilet when you walk around the streets of Japan. Stations, convenience stores, supermarkets, bookstores, etc. all have toilets, and you can use them with ease. In London, on the other hand, it's not so easy to find a toilet. There are usually no toilets in bookstores or hotel lobbies for customers to use. So, when you are traveling there, you have to go to the toilet of your hotel room many times before going out. If you need to go to the toilet while you are out, you have to use the pay toilet at big stations or hamburger shops.

Mission 3

▶英文に出てきた単語や表現を確認しよう！

☐	rarely	副	めったに…ない
☐	with ease		容易に
☐	on the other hand		その一方で
☐	customer	名	顧客
☐	pay	名	（形容詞的に）有料の

 **Mission 4**

▶聞き取った英文の意味が理解できているかをチェックしよう！

①You will rarely have trouble finding a toilet when you walk around the streets of Japan. Stations, convenience stores, supermarkets, bookstores, etc. all have toilets, and you can use them with ease. ②In London, on the other hand, it's not so easy to find a toilet. There are usually no toilets in bookstores or hotel lobbies for customers to use. ③So, when you are traveling there, you have to go to the toilet of your hotel room many times before going out. If you need to go to the toilet while you are out, you have to use the pay toilet at big stations or hamburger shops.

Q1 下線部①を和訳しなさい。

_____

_____

Q2 下線部②を和訳しなさい。

_____

Q3 下線部③を和訳しなさい。

_____

_____

音読の際には
英語ネイティブを
真似る意識をもとう！

英文訳

　①日本の街を歩き回っているときにトイレが見つけられなくて困るということはほとんどない。駅、コンビニエンスストア、スーパーマーケット、書店など、あちこちにトイレがあり、気軽に利用することができる。　②一方ロンドンでは、トイレを見つけるのはそう簡単ではない。たいてい書店にもホテルのロビーにも客が利用できるトイレはない。　③したがって、ロンドンを旅行するときには、外出前にホテルの部屋のトイレに何回も行かなければいけない。もし外出中にトイレに行きたくなったら、大きい駅やファーストフード店にある有料のトイレを使わなければいけない。

Mission 5 🔊

▶Mission 2にある英文を見ながら、
音読トレーニング（オーバーラッピング＆シャドーイング）をしよう！

| オーバーラッピング | □ | □ | □ | □ | □ | □ | □ | □ | □ | □ |
| シャドーイング | □ | □ | □ | □ | □ | □ | □ | □ | □ | □ |

Mission 6

▶左ページにある英文訳を見ながらバックトランスレーションをして、英文の内容をしっかりマスターできたか確認しよう！

You _____ _____ have _____ _____ a toilet

_____ _____ _____ _____ _____ _____ _____

Japan. _____, convenience _____, supermarkets,

_____, etc. all _____ _____, and _____ _____

_____ them _____ ease. _____ London, _____ the

_____ _____, it's _____ _____ _____ to _____

_____ toilet. There are _____ no _____ in _____ or

_____ _____ for _____ to _____. So, when you

_____ _____ there, you have to _____ _____ the

toilet of _____ _____ room _____ times _____ going

_____. If _____ _____ to _____ _____ _____

toilet _____ _____ _____ _____, you _____ _____

use _____ pay _____ at big _____ or _____ shops.

リスニングの勉強法や
モチベーションの上げ方を
知りたい人はこちら▶ ▶ ▶

https://tb.sanseido-publ.co.jp/gakusan/mainichi-l/

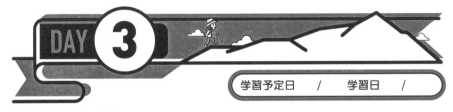

DAY 3

学習予定日 　/　　 学習日　 /

Question

▶英文を聞いて、次の問いに対する答えとして適切なものを1つ選び、
番号で答えなさい。

Q Why should we study hard, according to the speaker?

① To build up ourselves and make money.

② To be helped by someone else.

③ To support other people in society.

④ To make success in life.

(　　　　)

知っている単語なのに
聞き取れなかったら、
音読を増やそう！

Mission 1

▶ディクテーションをして、弱点を発見しよう！

Many _____ _____ senior high _____

_____ do _____ _____ _____ they

_____ study _____, and _____ _____ are

not able to _____ _____ to _____. _____

you _____ that _____ _____ student,

_____ _____ what _____ _____ would

_____ _____ if no _____ _____.

_____ a _____ function _____ _____,

lawyers, _____, _____ _____ entrepreneurs?

_____ _____ of _____, we _____

_____ support _____ _____ by _____. If

_____ don't _____, you _____ _____ the

_____ of _____ who is _____ _____ by

_____ _____ _____ can't _____

_____ else.

▶音声が聞き取れたかを確認し、聞き取れなかった箇所があれば、
　その部分に下線を引こう！

　Many junior and senior high school students do not know why they should study hard, and so they are not able to motivate themselves to study. If you are that type of student, think about what our society would be like if no one studied. Can a society function without doctors, lawyers, teachers, politicians and entrepreneurs? As members of society, we need to support each other by studying. If you don't study, you will become the type of person who is always helped by someone else and can't help anyone else.

Mission 3

▶英文に出てきた単語や表現を確認しよう！

☐	motivate	動	やる気を起こさせる
☐	society	名	社会
☐	function	動	機能する
☐	lawyer	名	弁護士
☐	politician	名	政治家
☐	entrepreneur	名	起業家

Mission 4

▶聞き取った英文の意味が理解できているかをチェックしよう!

① Many junior and senior high school students do not know why they should study hard, and so they are not able to motivate themselves to study. If you are that type of student, think about what our society would be like if no one studied. ② Can a society function without doctors, lawyers, teachers, politicians and entrepreneurs? As members of society, we need to support each other by studying. ③ If you don't study, you will become the type of person who is always helped by someone else and can't help anyone else.

Q1 下線部①を和訳しなさい。

_____

_____

Q2 下線部②を和訳しなさい。

_____

_____

Q3 下線部③を和訳しなさい。

_____

_____

バックトランスレーションで英作文とスピーキングの力も手に入れろ!

　①多くの中学生や高校生はなぜしっかり勉強をするべきなのかがわからず、勉強のやる気を出すことができない。もしあなたがそのような学生なら、誰も勉強しなかったら社会がどのようになるかを考えてみてほしい。②医者も弁護士も教員も政治家も起業家もいない社会がはたして機能するだろうか。社会の一員として、勉強をすることによってお互いを支え合っていくことが必要なのである。　③もしあなたが勉強しないのであれば、いつも誰かに助けてもらうばかりで、誰のことも助けてあげられないタイプの人間になってしまうだろう。

 Mission 5

▶Mission 2にある英文を見ながら、
　音読トレーニング（オーバーラッピング＆シャドーイング）をしよう！

オーバーラッピング										
シャドーイング										

Mission 6

▶左ページにある英文訳を見ながらバックトランスレーションをして、
英文の内容をしっかりマスターできたか確認しよう！

Many _____ _____ _____ high _____

_____ do _____ _____ _____ they

_____ study _____, and _____ _____ are

_____ _____ to _____ _____ to _____.

_____ you _____ that _____ _____ student,

_____ _____ what _____ _____ would

_____ _____ if no _____ _____. _____

a _____ _____ _____ _____, lawyers,

_____, _____ _____ entrepreneurs? _____

_____ of _____, we _____ _____

_____ _____ _____ by _____. If _____

don't _____, you _____ _____ the _____ of

_____ who is _____ _____ by

_____ _____ can't _____ _____ else.

リスニングの勉強法や
モチベーションの上げ方を
知りたい人はこちら▶▶▶
https://tb.sanseido-publ.co.jp/gakusan/mainichi-l/

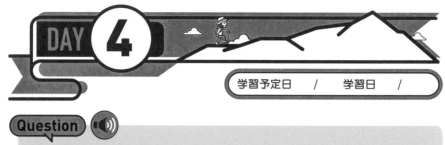

学習予定日　/　学習日　/

Question 🔊

▶英文を聞いて、次の問いに対する答えとして適切なものを1つ選び、番号で答えなさい。

Q Which is a correct sentence, according to the speaker?

① There are about 30 U.S. military bases in Japan, many of which are in Okinawa.

② Japanese people cannot enter U.S. military bases without permission.

③ U.S. soldiers can go out of the U.S. military bases, but they have to be permitted.

④ A lot of Japanese people think that current U.S. military bases are unnecessary.

(　　　)

音読の際にわからない文法や語法があれば徹底して調べよう！

Mission 1

▶ディクテーションをして、弱点を発見しよう！

There _____ _____ 30 U.S. _____ bases and

_____ _____ Okinawa, which _____ _____

in that there are so many _____ territories in one

_____. Japanese _____ _____ _____

allowed _____ _____ the _____ and _____

_____ permission, and _____ _____ _____

even _____ to _____ the _____ from

_____ _____. U.S. _____, on the _____

_____, can _____ Japanese _____ without

_____. Many _____ _____ Okinawa, _____

_____ Governor, _____ _____ trying to

_____ _____ _____. More _____ 75

_____ _____ _____ since the _____

_____ in 1945. Japanese _____ _____ be

_____ that, _____ the _____ _____ in

Japan, the _____ is _____ not completely

_____ in a _____.

There are about 30 U.S. military bases and facilities in Okinawa, which is unusual in that there are so many foreign territories in one prefecture. Japanese people are not allowed to enter the bases and facilities without permission, and it is not even possible to photograph the scenery from the outside. U.S. soldiers, on the other hand, can enter Japanese territory without permission. Many residents of Okinawa, including the Governor, have been trying to change the situation. More than 75 years have passed since the war ended in 1945. Japanese people should be aware that, despite the apparent peace in Japan, the war is still not completely over in a sense.

Mission 3

▶英文に出てきた単語や表現を確認しよう！

☐	military	形	軍の
☐	facility	名	施設
☐	territory	名	領土、領域
☐	prefecture	名	県、都道府県
☐	permission	名	許可
☐	scenery	名	景色、景観
☐	resident	名	居住者
☐	governor	名	知事
☐	apparent	形	明白な、外見上の、うわべの

Mission 4

▶聞き取った英文の意味が理解できているかをチェックしよう！

① There are about 30 U.S. military bases and facilities in Okinawa, which is unusual in that there are so many foreign territories in one prefecture. ② Japanese people are not allowed to enter the bases and facilities without permission, and it is not even possible to photograph the scenery from the outside. U.S. soldiers, on the other hand, can enter Japanese territory without permission. Many residents of Okinawa, including the Governor, have been trying to change the situation. More than 75 years have passed since the war ended in 1945. ③ Japanese people should be aware that, despite the apparent peace in Japan, the war is still not completely over in a sense.

Q1 下線部①を和訳しなさい。

_____

_____

Q2 下線部②を和訳しなさい。

_____

_____

Q3 下線部③を和訳しなさい。

_____

最終的には英語の内容を、英語も日本語も見ないで話してみよう！

①沖縄には約30の米軍基地や施設があり、ひとつの県にこれだけ多くの外国の領土が存在することは異例である。　②日本人は基地や施設の中に許可なく入ることは許されず、外部から景観を撮影することさえできない。一方で、米兵たちは無許可で日本領に入ることができる。県知事を含め、沖縄の多くの居住者たちがずっとこの状況を変えようとしている。1945年に戦争が終わってから75年以上が経つ。③一見すると日本は平和であるが、ある意味では完全に戦争が終わったとは言えないことを日本人は認識すべきである。

Mission 5

▶Mission 2にある英文を見ながら、
音読トレーニング（オーバーラッピング＆シャドーイング）をしよう！

オーバーラッピング	☐	☐	☐	☐	☐	☐	☐	☐	☐	☐
シャドーイング	☐	☐	☐	☐	☐	☐	☐	☐	☐	☐

Mission 6

▶左ページにある英文訳を見ながらバックトランスレーションをして、
英文の内容をしっかりマスターできたか確認しよう！

There _____ _____ 30 U.S. _____ _____ and _____

_____ Okinawa, which _____ _____ in that there are so

many _____ _____ in one _____. Japanese _____

_____ _____ allowed _____ _____ the _____ and

_____ _____ _____, and _____ _____ _____ even

_____ to _____ the _____ from _____ _____. U.S.

_____, on the _____ _____, can _____ Japanese

_____ without _____. Many _____ _____ Okinawa,

_____ _____ Governor, _____ _____ _____ to _____

_____ _____. More _____ 75 _____ _____ _____

since the _____ _____ in 1945. Japanese _____ _____

be _____ that, _____ the _____ _____ in Japan, the

_____ is _____ not _____ _____ in a _____.

学習予定日　/　　学習日　/

Question

▶英文を聞いて、次の問いに対する答えとして適切なものを1つ選び、
番号で答えなさい。

Q In order to find your goals and dreams, what do you have to do?

① To study as hard as possible at your desk to grow educated.

② To talk with successful business leaders at big companies.

③ To try to look for your future dreams through a variety of behaviors.

④ To read a lot of books and see movies at movie theaters.

(　　　　)

音読回数が少ないと
リスニング力は
伸びないぞ！

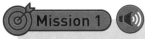

Mission 1

▶ディクテーションをして、弱点を発見しよう！

In Japan, _____ _____ _____ junior _____ _____

high _____ _____ who _____ _____ _____

struggling _____ _____ what they _____ _____

_____ with _____ _____. _____ that's _____

_____ of _____ _____ extremely _____ _____ who

_____ between _____ and _____. In order to _____

their _____ and dreams, they _____ _____ try to

_____ _____ them with a positive _____. While reading

a _____ in _____ _____ or bookstore, watching a

_____ _____ in a _____ _____, going _____ a

_____ in the _____ by _____, watching _____ at

_____ _____, or _____ to _____ _____ of _____

business _____... these are the _____ when they _____

"this is _____ I _____ to _____ my _____." It's

_____ to study _____, but it's _____ _____ for

students who _____ _____ hard at their desk to find their

_____ _____.

Mission 2

▶音声が聞き取れたかを確認し、聞き取れなかった箇所があれば、その部分に下線を引こう！

In Japan, there are many junior and senior high school students who seem to be struggling to find what they want to do with their lives. Perhaps that's because many of them are extremely serious students who commute between home and school. In order to find their goals and dreams, they have to try to look for them with a positive attitude. While reading a book in a library or bookstore, watching a classic movie in a movie theater, going for a walk in the evening by themselves, watching animals at a zoo, or listening to the stories of successful business people... these are the times when they find "this is how I want to live my life." It's wonderful to study hard, but it's quite difficult for students who just study hard at their desk to find their big dreams.

Mission 3

▶英文に出てきた単語や表現を確認しよう！

☐	struggle	動	苦闘する、もがく
☐	perhaps	副	ひょっとすると、おそらく
☐	extremely	副	非常に、極めて
☐	commute	動	通学する、通勤する
☐	positive	形	積極的な
☐	attitude	名	態度、姿勢
☐	successful	形	成功した

 **Mission 4**

▶聞き取った英文の意味が理解できているかをチェックしよう!

① In Japan, there are many junior and senior high school students who seem to be struggling to find what they want to do with their lives. Perhaps that's because many of them are extremely serious students who commute between home and school. ② In order to find their goals and dreams, they have to try to look for them with a positive attitude. While reading a book in a library or bookstore, watching a classic movie in a movie theater, going for a walk in the evening by themselves, watching animals at a zoo, or listening to the stories of successful business people... these are the times when they find "this is how I want to live my life." ③ It's wonderful to study hard, but it's quite difficult for students who just study hard at their desk to find their big dreams.

Q1 下線部①を和訳しなさい。

_____

_____

Q2 下線部②を和訳しなさい。

_____

_____

Q3 下線部③を和訳しなさい。

_____

_____

①日本では、人生で何をやりたいのか見つけるのに苦心しているように思われる中学生や高校生が多い。おそらくそれは、自宅と学校を往復している極めて真面目な生徒が多いからではないだろうか。②目標や夢を見つけるためには、それを積極的に探そうとしなければならない。図書館や書店で本を読んでいるとき、映画館で名作映画を見ているとき、ひとりで夕暮れ時に散歩をしているとき、動物園で動物たちを眺めているとき、ビジネスで成功した人たちの話を聞いているとき…そういったときに「こうやって生きたい」が見つかるものである。③熱心に勉強することは素晴らしいが、机で勉強しかしていない生徒たちが自分の大きい夢を見つけるのはかなり難しいのである。

 Mission 5

▶Mission 2にある英文を見ながら、
　音読トレーニング（オーバーラッピング＆シャドーイング）をしよう！

オーバーラッピング										
シャドーイング										

Mission 6

▶左ページにある英文訳を見ながらバックトランスレーションをして、
英文の内容をしっかりマスターできたか確認しよう!

In Japan, _____ _____ _____ junior _____ _____

high _____ _____ who _____ _____ _____ _____

_____ _____ what they _____ _____ _____ with

_____ _____. _____ that's _____ _____ of _____

_____ extremely _____ _____ who _____ between

_____ and _____. In order to _____ their _____ and

_____, they _____ _____ try to _____ _____ them

with a positive _____. While reading a _____ in _____

_____ or bookstore, watching a _____ _____ in a

_____ _____, going _____ a _____ in the _____ by

_____, _____ _____ at _____ _____, or _____ to

_____ _____ of _____ business _____... these are

the _____ when they _____ "this is _____ I _____ to

_____ my _____." It's _____ to study _____, but it's

_____ _____ for _____ who _____ _____ hard at

their _____ to find their _____ _____.

リスニングの勉強法や
モチベーションの上げ方を
知りたい人はこちら▶▶▶
https://tb.sanseido-publ.co.jp/gakusan/mainichi-l/

学習予定日　/　　学習日　/

Question

▶英文を聞いて、次の問いに対する答えとして適切なものを1つ選び、番号で答えなさい。

Q **What does the speaker mean?**

① It is important to be prepared for new infections.

② Infectious diseases don't matter as long as you don't get seriously ill.

③ The cause of the new coronavirus was understood in the end.

④ We cannot really say that our history has been a struggle with infectious diseases.

（　　　　）

音読しながら
知らない単語や熟語を
どんどん覚えよう！

Mission 1

▶ディクテーションをして、弱点を発見しよう！

It's _____ exaggeration _____ _____ that _____ _____ has been _____ _____ _____ infectious _____ : _____ _____ 14th _____ , _____ _____ 100 million _____ _____ from _____ _____ ; in _____ _____ 20th _____ , Spanish flu _____ _____ 25% of the world's _____ and _____ _____ _____ high _____ of _____ . _____ , in 2020, a _____ _____ infected _____ _____ _____ the world, _____ _____ _____ 1.5 million _____ by the _____ _____ _____ _____ . Strangely _____ , in _____ _____ countries such as Japan and Taiwan, the _____ of _____ was extremely _____ , _____ to the U.S. and European countries. Although the _____ and mechanisms of _____ _____ are still _____ , we _____ _____ aware that new infections _____ _____ at any _____ , and we must _____ _____ _____ of ourselves to _____ _____ a _____ body resistance.

▶音声が聞き取れたかを確認し、聞き取れなかった箇所があれば、
その部分に下線を引こう！

It's no exaggeration to say that human history has been a battle against infectious diseases: in the 14th century, more than 100 million people died from the plague; in the early 20th century, Spanish flu infected about 25% of the world's population and killed an extremely high number of people. Then, in 2020, a new coronavirus infected people all over the world, taking more than 1.5 million lives by the end of the year. Strangely enough, in East Asian countries such as Japan and Taiwan, the number of deaths was extremely low, compared to the U.S. and European countries. Although the causes and mechanisms of these infections are still unknown, we must be aware that new infections may appear at any moment, and we must always take care of ourselves to build up a strong body resistance.

Mission 3

▶英文に出てきた単語や表現を確認しよう！

☐	exaggeration	名 誇張、過大視
☐	infectious	形 伝染病の、うつりやすい
☐	plague	名 伝染病、[the plague] ペスト
☐	flu	名 インフルエンザ
☐	infect	動 感染させる、感染する
☐	coronavirus	名 コロナウイルス
☐	strangely enough	不思議なことに
☐	resistance	名 抵抗（力）

Mission 4

▶聞き取った英文の意味が理解できているかをチェックしよう！

①It's no exaggeration to say that human history has been a battle against infectious diseases: in the 14th century, more than 100 million people died from the plague; in the early 20th century, Spanish flu infected about 25% of the world's population and killed an extremely high number of people. ②Then, in 2020, a new coronavirus infected people all over the world, taking more than 1.5 million lives by the end of the year. Strangely enough, in East Asian countries such as Japan and Taiwan, the number of deaths was extremely low, compared to the U.S. and European countries. ③Although the causes and mechanisms of these infections are still unknown, we must be aware that new infections may appear at any moment, and we must always take care of ourselves to build up a strong body resistance.

Q1 下線部①を和訳しなさい。

_____

Q2 下線部②を和訳しなさい。

_____

_____

Q3 下線部③を和訳しなさい。

_____

_____

_____

　①人間の歴史は感染症との闘いであると言っても過言ではない。14世紀には、1億人以上がペストで亡くなった。20世紀初頭には、世界の人口の約25％がスペイン風邪に感染し、極めて多くの人々が亡くなった。　②そして、2020年には、新しいコロナウイルスが世界中の人々に感染し、年末までに150万人以上の命を奪った。不思議なことに、日本や台湾などの東アジアの国々では、欧米各国よりも死者数が極めて少なかった。　③これらの感染症の原因や仕組みは依然としてわかっていないが、我々はいつ新しい感染症が姿を現すかわからないことを意識し、常に健康に気をつけて、抵抗力の強い体をつくっておかねばならない。

Mission 5

▶Mission 2にある英文を見ながら、
　音読トレーニング（オーバーラッピング＆シャドーイング）をしよう！

オーバーラッピング										
シャドーイング										

Mission 6

▶左ページにある英文訳を見ながらバックトランスレーションをして、英文の内容をしっかりマスターできたか確認しよう！

It's _____ exaggeration _____ _____ that _____ _____ has been _____ _____ _____ infectious _____: _____ _____ 14th _____, _____ _____ 100 _____ _____ _____ from _____ _____; in _____ _____ 20th _____, Spanish flu _____ _____ 25% of the world's _____ and _____ _____ _____ high _____ of _____. _____, in 2020, a _____ _____ _____ _____ _____ _____ the world, _____ _____ _____ 1.5 million _____ by the _____ _____ _____ _____. _____ _____, in _____ _____ countries _____ _____ Japan and Taiwan, the _____ of _____ was extremely _____, _____ to the U.S. and European countries. Although the _____ and mechanisms of _____ _____ are still _____, we _____ _____ _____ _____ new infections _____ _____ at any _____, and we must _____ _____ _____ of ourselves to _____ _____ a _____ body _____.

リスニングの勉強法や
モチベーションの上げ方を
知りたい人はこちら▶▶▶
https://tb.sanseido-publ.co.jp/gakusan/mainichi-l/

Question 🔊

▶英文を聞いて、次の問いに対する答えとして適切なものを1つ選び、
番号で答えなさい。

Q **What does the speaker say about the carbohydrate-restricted diets?**

① It has a good effect on blood vessels, but you should consult a doctor just in case.

② It can help you lose weight, but it will make you look worse.

③ It is favored around the world, but many doctors do not recommend it.

④ It can be so dangerous that you should do it under the direction of a doctor.

（　　　）

音読トレーニングが
習慣になれば、
英語力全体が伸びる！

Mission 1

▶ディクテーションをして、弱点を発見しよう！

Many people _____ that the _____ _____

_____, the _____, especially with the _____ of

carbohydrate-restricted _____, where _____ and

_____ people are _____ _____ by eating a

_____ diet completely devoid of carbohydrates, such as

_____, _____ and ramen noodles. However, it's

_____ to remember that _____ your _____

intake as _____ to zero as _____ can be detrimental

to _____ _____. When glucose, the brain's

_____ _____, is in short _____, a substance

_____ _____ _____ make up _____ the

deficiency. _____ have _____ that _____ that

substance is secreted _____ _____ _____, it

can _____ _____ _____ vessels and _____

bad cholesterol _____. A carbohydrate-restricted

_____ _____ be _____ to your _____ if you

don't _____ it _____ the guidance of a _____.

▶音声が聞き取れたかを確認し、聞き取れなかった箇所があれば、
その部分に下線を引こう！

　　Many people believe that the thinner you are, the better, especially with the popularity of carbohydrate-restricted diets, where more and more people are losing weight by eating a daily diet completely devoid of carbohydrates, such as rice, bread and ramen noodles. However, it's important to remember that keeping your sugar intake as close to zero as possible can be detrimental to your health. When glucose, the brain's energy source, is in short supply, a substance is released to make up for the deficiency. Studies have shown that when that substance is secreted in large quantities, it can damage your blood vessels and increase bad cholesterol levels. A carbohydrate-restricted diet can be harmful to your health if you don't follow it under the guidance of a doctor.

🎯 **Mission 3**

▶英文に出てきた単語や表現を確認しよう！

☐	carbohydrate-restricted diet	名	糖質（炭水化物）制限ダイエット
☐	lose weight		痩せる
☐	devoid	形	欠いている
☐	detrimental	形	有害な
☐	glucose	名	ブドウ糖
☐	substance	名	物質
☐	deficiency	名	不足、欠如
☐	secrete	動	分泌する
☐	vessel	名	（血液などを通す）管

Mission 4

▶聞き取った英文の意味が理解できているかをチェックしよう！

Many people believe that the thinner you are, the better, especially with the popularity of carbohydrate-restricted diets, where more and more people are losing weight by eating a daily diet completely devoid of carbohydrates, such as rice, bread and ramen noodles. ①However, it's important to remember that keeping your sugar intake as close to zero as possible can be detrimental to your health. When glucose, the brain's energy source, is in short supply, a substance is released to make up for the deficiency. ②Studies have shown that when that substance is secreted in large quantities, it can damage your blood vessels and increase bad cholesterol levels. ③A carbohydrate-restricted diet can be harmful to your health if you don't follow it under the guidance of a doctor.

Q1 下線部①を和訳しなさい。

_____

_____

Q2 下線部②を和訳しなさい。

_____

_____

Q3 下線部③を和訳しなさい。

_____

_____

　痩せていればいるほどよいと思っている人が多く、特に糖質制限ダイエットが流行しており、米、パン、ラーメンなどの糖質を完全に抜いた食事を毎日食べて体重を落とす人が増えている。　①しかし、糖質の摂取量を限りなくゼロに近づけてしまうと、健康を害する可能性があることを忘れてはならない。脳のエネルギー源であるブドウ糖が不足すると、不足分を補うためにある物質が分泌される。　②その物質が大量に分泌されると、血管にダメージを与え、悪玉コレステロール値を上昇させることが研究で明らかになっている。　③糖質制限ダイエットは、医師の指導のもとで行わなければ、健康を害する可能性があるのである。

Mission 5

▶Mission 2にある英文を見ながら、
　音読トレーニング（オーバーラッピング＆シャドーイング）をしよう！

オーバーラッピング									
シャドーイング									

Mission 6

▶左ページにある英文訳を見ながらバックトランスレーションをして、
英文の内容をしっかりマスターできたか確認しよう！

Many people _____ that the _____ _____ _____,
the _____, _____ with the _____ of carbohydrate-
restricted _____, where _____ and _____ people are
_____ _____ by _____ a _____ diet completely
_____ of carbohydrates, such as _____, _____ and
ramen noodles. However, it's _____ to remember that
_____ your _____ intake as _____ to zero as _____
can be detrimental to _____ _____. When glucose, the
brain's _____ _____, is _____ _____ _____, a
substance _____ _____ _____ make up _____ the
deficiency. _____ have _____ that _____ that
substance is secreted _____ _____ _____, it can
_____ _____ _____ vessels and _____ bad
cholesterol _____. A carbohydrate-restricted _____
_____ be _____ to your _____ if you don't _____ it
_____ the _____ of a _____.

リスニングの勉強法や
モチベーションの上げ方を
知りたい人はこちら▶ ▶ ▶

https://tb.sanseido-publ.co.jp/gakusan/mainichi-l/

Review 1　DAY 1~7で学習した単語を復習しよう。

次の表の空所に日本語の意味や英単語を書き入れよう。忘れているものは即座に覚えよう。

英語	日本語	答え
substance		▶DAY 7
	成功した	▶DAY 5
lose weight		▶DAY 7
	破壊する	▶DAY 1
	軍の	▶DAY 4
scenery		▶DAY 4
extremely		▶DAY 5
	明白な、外見上の、うわべの	▶DAY 4
	機能する	▶DAY 3
customer		▶DAY 2
	苦闘する、もがく	▶DAY 5
entrepreneur		▶DAY 3
	めったに…ない	▶DAY 2
politician		▶DAY 3
	抵抗（力）	▶DAY 6
resident		▶DAY 4
	施設	▶DAY 4
definitely		▶DAY 1
	弁護士	▶DAY 3
permission		▶DAY 4
with ease		▶DAY 2
	誇張、過大視	▶DAY 6
in particular		▶DAY 1
	やる気を起こさせる	▶DAY 3
territory		▶DAY 4

コラム 1～リスニング力が上がると4技能が伸びる～

　リスニングが得意になると、聞こえてくる順番に理解できるようになりますので、読むのが速くなります。リスニングができなかったときは「これがSで、これがOで、このOに関係詞節がかかって」などと分析しながら読んでいたはずですので、読むのがかなり遅かったのではないでしょうか。読む場合にも聞くときと同じ感覚で前から順に読み下ろしていくことが重要ですし、そうでないと英語初心者のレベルから抜け出ることはできません。読むのと聞くのは関連し合っているのです。

　また、リスニングのトレーニングの最後にあるバックトランスレーションですが、これを繰り返して行うことで英語を書いたり話したりする力が驚くほど高くなります。この本のスクリプトにはさまざまな表現が含まれていますが、それらを使って書いたり話したりする「能動語彙」が劇的に増えますので、何度も音読したあとにはバックトランスレーションを行い、もしもスムーズにできないのであれば、もう一度音読をやり直してもらいたいと思います。聞くのと書いたり話したりするのは関連し合っているのです。

　国語の授業は主に「読む」の1技能なのに、英語は4つもあって大変なように思っている人もいるかもしれませんね。でも、それぞれの技能は関連し合っています。1つの技能だけの勉強をしていると、リーディングはできるようになったのにリスニングができないというようなことになりますし、リスニングができるようになったのに英語が話せないなんていう変なことになってしまいます。リスニングのトレーニングには4つの技能が含まれていて、正しく勉強すればどの技能も上がりますので、指示にしたがって最後まで続けていってくださいね。

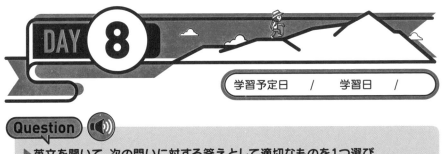

Question 🔊

▶英文を聞いて、次の問いに対する答えとして適切なものを1つ選び、番号で答えなさい。

Q **What is the biggest weakness about SNS?**

① Your private information can be leaked to the world.

② SNS prevent you from doing what you should do.

③ Some people may come up to you pretending to be your friends.

④ Problems often happen after making groups with others.

(　　　　)

これで半分が終わった！
あと半分、
しっかり続けろよ！

Mission 1 🔊

▶ディクテーションをして、弱点を発見しよう！

Social networking services, or SNS, _____ _____ Facebook _____ Twitter, are a _____ _____ _____ for communicating with _____ _____, and many people _____ the _____ to _____ _____ acquaintances _____ renew _____. Some _____ _____ people with the _____ _____ in order to _____ a _____ _____. For _____ who _____ such _____, SNS are _____ _____ and helpful. However, SNS _____ have _____ weaknesses. The _____ _____ is, _____ _____ other people's posts and _____, you _____ _____ yourself _____ too _____ _____ reading them _____ being _____ of it, and _____ _____ _____ to _____ the _____ or _____ that you _____ do. When you _____ _____ of SNS on your _____ or PC, you may _____ _____ _____ how many _____ you are _____ _____ _____ on them.

Social networking services, or SNS, such as Facebook or Twitter, are a very useful tool for communicating with other people, and many people use the services to find old acquaintances or renew friendships. Some look for people with the same interests in order to make a hobby group. For those who have such goals, SNS are extremely convenient and helpful. However, SNS also have some weaknesses. The biggest problem is, while reading other people's posts and comments, you may find yourself spending too much time reading them without being aware of it, and you are unable to do the work or study that you should do. When you make use of SNS on your smartphone or PC, you may need to decide how many minutes you are going to spend on them.

🎯 **Mission 3**

▶英文に出てきた単語や表現を確認しよう！

☐	acquaintance	名	知人
☐	renew	動	再び始める
☐	friendship	名	友情
☐	weakness	名	欠点、弱点
☐	post	名	（インターネットへの）投稿
☐	be aware of 〜		〜に気づいている
☐	make use of 〜		〜を利用する

Mission 4

▶聞き取った英文の意味が理解できているかをチェックしよう！

Social networking services, or SNS, such as Facebook or Twitter, are a very useful tool for communicating with other people, and many people use the services to find old acquaintances or renew friendships. ① Some look for people with the same interests in order to make a hobby group. For those who have such goals, SNS are extremely convenient and helpful. However, SNS also have some weaknesses. ② The biggest problem is, while reading other people's posts and comments, you may find yourself spending too much time reading them without being aware of it, and you are unable to do the work or study that you should do. ③ When you make use of SNS on your smartphone or PC, you may need to decide how many minutes you are going to spend on them.

Q1 下線部①を和訳しなさい。

_____

Q2 下線部②を和訳しなさい。

_____

_____

_____

Q3 下線部③を和訳しなさい。

_____

_____

　　フェイスブックやツイッターなどの SNS は他の人たちとコミュニケーションをとるのに非常に便利なツールで、SNS を使って、昔の知り合いを見つけたり、親交を温め直す人も多い。　①趣味のグループをつくろうとして、同じ興味をもった人を探す人たちもいる。そういった人々にとっては、SNS は極めて便利で役に立つ。しかし SNS にも欠点はある。　②特に問題になっているのは、他人の書き込みやコメントなどを読んでいるうちに、知らず知らずのうちに時間が過ぎてしまっているということで、そうなると本来やるべき仕事や勉強ができなくなってしまう。　③スマートフォンや PC で SNS を利用する際には、何分利用するのかを決めておくことが必要かもしれない。

Mission 5

▶Mission 2 にある英文を見ながら、
　音読トレーニング（オーバーラッピング＆シャドーイング）をしよう！

オーバーラッピング	☐	☐	☐	☐	☐	☐	☐	☐	☐	☐
シャドーイング	☐	☐	☐	☐	☐	☐	☐	☐	☐	☐

Mission 6

▶左ページにある英文訳を見ながらバックトランスレーションをして、英文の内容をしっかりマスターできたか確認しよう！

Social networking services, or SNS, _____ _____ Facebook _____ Twitter, are a _____ _____ _____ for _____ with _____ _____, and many people _____ the _____ to _____ _____ acquaintances _____ renew _____. Some _____ _____ people with the _____ _____ in order to _____ a _____ _____. For _____ who _____ such _____, SNS are _____ _____ and _____. However, SNS _____ have _____ weaknesses. The _____ _____ is, _____ _____ _____ _____ posts and _____, you _____ _____ yourself _____ too _____ _____ _____ them _____ being _____ of it, and _____ _____ _____ to _____ the _____ or _____ that you _____ do. _____ _____ _____ _____ of SNS on your _____ or PC, you may _____ _____ _____ how many _____ you are _____ _____ _____ on them.

リスニングの勉強法やモチベーションの上げ方を知りたい人はこちら▶▶▶
https://tb.sanseido-publ.co.jp/gakusan/mainichi-l/

学習予定日　　/　　　学習日　　/

Question 🔊

▶英文を聞いて、次の問いに対する答えとして適切なものを1つ選び、
番号で答えなさい。

Q **Why does each nation encourage its citizens to learn the history of the nation?**

① Because citizens reflect on the mistakes of the past to prevent wars from happening again.

② Because citizens learn a lot from the past to win the competition against foreign nations.

③ Because citizens can be educated with a proper understanding of history.

④ Because citizens come to love their mother country by learning the country's history.

（　　　　）

リスニング力のレベルは
音読回数で決まる!
反復あるのみ!

Mission 1

▶ ディクテーションをして、弱点を発見しよう！

If you _____ _____ _____ Japanese

_____ are _____ to _____ Japanese _____,

what _____ will they _____? Most _____

_____, " _____ it is _____ to _____ from

_____." However, _____ we _____ to learn

_____ from _____, it is okay _____ _____

the history of _____ _____. The _____ why

_____ _____ encourages its _____ to _____

its own history is to _____ _____ _____ the

nation. _____ _____ _____, there are a lot of

_____ from history, and the _____ of _____

study is to _____ the _____ of the _____. At

_____ _____ time, however, _____ _____

wants _____ _____ to _____ about their

_____ in the _____ _____, to be

_____ being _____ of the country, and to _____

a _____ for _____ _____ country.

　If you ask people why Japanese students are required to study Japanese history, what answer will they give? Most would answer, "Because it is important to learn from history." However, if we want to learn something from history, it is okay to study the history of other countries. The reason why every nation encourages its citizens to learn its own history is to make them love the nation. To be sure, there are a lot of lessons from history, and the purpose of history study is to improve the future of the country. At the same time, however, each country wants its citizens to learn about their history in the right way, to be proud of being citizens of the country, and to form a love for their mother country.

🎯 **Mission 3**

▶英文に出てきた単語や表現を確認しよう！

☐	require	動 必要とする、要求する
☐	nation	名 国家、国民
☐	encourage … to ～	…が～するよう仕向ける
☐	citizen	名 国民、市民
☐	lesson	名 教訓、教え
☐	purpose	名 目的、意図
☐	be proud of ～	～を誇りに思う

▶聞き取った英文の意味が理解できているかをチェックしよう！

① If you ask people why Japanese students are required to study Japanese history, what answer will they give? Most would answer, "Because it is important to learn from history." ② However, if we want to learn something from history, it is okay to study the history of other countries. The reason why every nation encourages its citizens to learn its own history is to make them love the nation. To be sure, there are a lot of lessons from history, and the purpose of history study is to improve the future of the country. ③ At the same time, however, each country wants its citizens to learn about their history in the right way, to be proud of being citizens of the country, and to form a love for their mother country.

Q1 下線部①を和訳しなさい。

_____

_____

Q2 下線部②を和訳しなさい。

_____

_____

Q3 下線部③を和訳しなさい。

_____

_____

_____

①どうして日本人学生は日本の歴史を勉強するよう求められているのか尋ねたら、人々はどう答えるだろうか。多くは「歴史から学ぶことは大切だから」と答えるだろう。 ②しかし、歴史から何かを学びたいのであれば、他国の歴史を学んでも構わない。どの国家も自国の国民にその国の歴史を学ばせようとするのは、国民に愛国心を抱かせるためである。確かに歴史から学ぶことは多く、それによってその国の未来をよいものにするという目的も歴史学習にはある。 ③しかし、それと同時に各国は国民に自国の歴史を正しく学び、その国の国民であることに誇りをもち、母国に対する愛を形成してほしいと願うのである。

Mission 5

▶Mission 2 にある英文を見ながら、
音読トレーニング（オーバーラッピング＆シャドーイング）をしよう！

オーバーラッピング	☐	☐	☐	☐	☐	☐	☐	☐	☐	☐
シャドーイング	☐	☐	☐	☐	☐	☐	☐	☐	☐	☐

Mission 6

▶左ページにある英文訳を見ながらバックトランスレーションをして、
英文の内容をしっかりマスターできたか確認しよう！

If you _____ _____ _____ Japanese _____ are _____

to _____ Japanese _____, _____ _____ will they _____?

Most _____ _____, "_____ it is _____ to _____ from

_____." However, _____ we _____ to _____ _____ from

_____, it is okay _____ _____ the history of _____ _____.

The _____ why _____ _____ _____ its _____ to _____

its own history is to _____ _____ _____ the nation. _____

_____ _____, there are a lot of _____ from history, and the

_____ of _____ _____ is to _____ the _____ of the

_____. At _____ _____ time, however, _____ _____

wants _____ _____ to _____ about their _____ in the

_____ _____, to be _____ _____ being _____ of the

country, and to _____ a _____ for _____ _____ _____.

リスニングの勉強法や
モチベーションの上げ方を
知りたい人はこちら▶ ▶ ▶
https://tb.sanseido-publ.co.jp/gakusan/mainichi-l/

学習予定日　/　　学習日　/

Question 🔊

▶英文を聞いて、次の問いに対する答えとして適切なものを1つ選び、番号で答えなさい。

Q **What does the speaker say is the biggest problem in Japanese education?**

① The number of students who want to be a teacher is decreasing.

② An increasing number of teachers are working at home.

③ The working conditions for teachers are not very good.

④ Communication between teachers and students is lacking.

(　　　　)

身につけたリスニング力を落とさないために、日々音読習慣を!

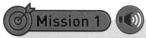 **Mission 1**

▶ディクテーションをして、弱点を発見しよう！

There are _____ _____ in Japanese _____, but one of the

_____ widely _____ is the _____ _____ of _____.

A _____ number of _____ _____ _____ work at 8:00

a.m. _____ _____ _____ for more than eight _____.

They _____ _____ to _____ to _____ on _____

and _____ for instructing _____ _____ or making

_____ materials, which _____ them _____ time for

_____ own _____, and _____ it _____ for them to

_____ time to their own _____. For _____ _____,

these days _____ _____ _____ Japanese people _____

want to _____ _____. Since the _____ of _____

education _____ when able people _____ _____ become

_____, the _____ of _____ conditions for _____ is

increasingly _____ in the _____. But there are _____ so

many teachers _____ _____ so _____ in their _____

not only at _____ but _____ _____ that they are _____

out.

▶音声が聞き取れたかを確認し、聞き取れなかった箇所があれば、
その部分に下線を引こう！

There are many problems in Japanese education, but one of the most widely discussed is the labor problem of teachers. A great number of teachers arrive at work at 8:00 a.m. and stay there for more than eight hours. They also have to go to work on Saturdays and Sundays for instructing club activities or making teaching materials, which leaves them little time for their own families, and makes it difficult for them to devote time to their own hobbies. For this reason, these days there are fewer Japanese people who want to become teachers. Since the quality of school education declines when able people do not become teachers, the improvement of working conditions for teachers is increasingly discussed in the media. But there are still so many teachers who are so involved in their work not only at school but at home that they are tired out.

🎯 **Mission 3**

▶英文に出てきた単語や表現を確認しよう！

☐	labor	名	労働
☐	instruct	動	指示する、教える
☐	teaching materials		教材
☐	devote	動	捧げる、（時間を）割く
☐	working conditions		労働条件
☐	be involved in 〜		〜に打ち込んで

Mission 4

▶聞き取った英文の意味が理解できているかをチェックしよう!

① There are many problems in Japanese education, but one of the most widely discussed is the labor problem of teachers. A great number of teachers arrive at work at 8:00 a.m. and stay there for more than eight hours. They also have to go to work on Saturdays and Sundays for instructing club activities or making teaching materials, which leaves them little time for their own families, and makes it difficult for them to devote time to their own hobbies. ② For this reason, these days there are fewer Japanese people who want to become teachers. Since the quality of school education declines when able people do not become teachers, the improvement of working conditions for teachers is increasingly discussed in the media. ③ But there are still so many teachers who are so involved in their work not only at school but at home that they are tired out.

Q1 下線部①を和訳しなさい。

_____

_____

Q2 下線部②を和訳しなさい。

_____

Q3 下線部③を和訳しなさい。

_____

_____

①日本の教育には多くの問題点があるが、なかでも広く議論されているのが教員の労働問題である。極めて多くの教員が、朝8時には出勤して、そこに8時間以上滞在している。また、部活動の指導や教材作成のために土曜日や日曜日にも出勤しなければならず、自分の家族と過ごす時間が少なく、自分の趣味に時間を割くことも難しい。②そのため、最近では教員になりたいという日本人が減っている。優秀な人材が教員にならないと、学校教育の質が低下するので、教員の労働条件の改善がメディアで取り上げられることが増えてきている。③しかし、依然として学校でも自宅でも仕事に打ち込んでいる教員が非常に多く、教員が疲弊しているのである。

🎯 Mission 5 🔊

▶Mission 2にある英文を見ながら、
音読トレーニング（オーバーラッピング＆シャドーイング）をしよう！

オーバーラッピング										
シャドーイング										

🎯 **Mission 6**

▶左ページにある英文訳を見ながらバックトランスレーションをして、
英文の内容をしっかりマスターできたか確認しよう！

There are ＿＿＿＿ ＿＿＿＿ in Japanese ＿＿＿＿, but one of the ＿＿＿＿

widely ＿＿＿＿ is the ＿＿＿＿ ＿＿＿＿ of ＿＿＿＿. A ＿＿＿＿ number of

＿＿＿＿ ＿＿＿＿ ＿＿＿＿ ＿＿＿＿ at 8:00 a.m. ＿＿＿＿ ＿＿＿＿ ＿＿＿＿ for

＿＿＿＿ ＿＿＿＿ eight ＿＿＿＿. They ＿＿＿＿ ＿＿＿＿ to ＿＿＿＿ to ＿＿＿＿

on ＿＿＿＿ and ＿＿＿＿ for ＿＿＿＿ ＿＿＿＿ ＿＿＿＿ or making ＿＿＿＿

materials, which ＿＿＿＿ them ＿＿＿＿ time for ＿＿＿＿ own ＿＿＿＿, and

＿＿＿＿ it ＿＿＿＿ for them to ＿＿＿＿ time to their own ＿＿＿＿. For

＿＿＿＿ ＿＿＿＿, these days ＿＿＿＿ ＿＿＿＿ ＿＿＿＿ Japanese people

＿＿＿＿ want to ＿＿＿＿ ＿＿＿＿. Since the ＿＿＿＿ of ＿＿＿＿ ＿＿＿＿

＿＿＿＿ when able people ＿＿＿＿ ＿＿＿＿ become ＿＿＿＿, the ＿＿＿＿ of

＿＿＿＿ ＿＿＿＿ for ＿＿＿＿ is increasingly ＿＿＿＿ in the ＿＿＿＿. But

there are ＿＿＿＿ so many ＿＿＿＿ ＿＿＿＿ ＿＿＿＿ so ＿＿＿＿ in their

＿＿＿＿ not only at ＿＿＿＿ but ＿＿＿＿ ＿＿＿＿ that they are ＿＿＿＿ out.

リスニングの勉強法や
モチベーションの上げ方を
知りたい人はこちら▶▶▶

https://tb.sanseido-publ.co.jp/gakusan/mainichi-l/

学習予定日 　 / 　 学習日 　 /

Question 🔊

▶英文を聞いて、次の問いに対する答えとして適切なものを1つ選び、番号で答えなさい。

Q **What is the main theme of the speech?**

① If we realize in youth that our time is limited, we will cherish time to improve ourselves.

② We only have limited time, so we can live freely as long as we don't bother others.

③ It's great that elderly people make great efforts to improve themselves.

④ Many older people feel that they should have studied hard when young.

(　 　)

リスニング学習をすると
読む力も書く力も
話す力も伸びるぞ！

Mission 1

▶ディクテーションをして、弱点を発見しよう！

We have been _____ _____ death since _____ were _____, but _____ _____ of us _____ _____ of that? When we _____ _____, we _____ don't cherish _____. Some people _____ _____ without _____ much _____, and many go on to _____ but _____ to _____ themselves. It is _____ _____ we are _____ to _____ _____ we _____ up to _____, and we regret not having _____ _____ in our youth. _____ _____ _____, it's _____ too late to _____, and it's great that _____ people are _____ _____ to _____ a computer, _____ an instrument, etc. But if we _____ at a _____ _____ that our _____ is limited, we _____ _____ _____ work harder and _____ ourselves, and _____ an enthusiasm will _____ _____ our _____ a lot _____.

Mission 2

▶音声が聞き取れたかを確認し、聞き取れなかった箇所があれば、
その部分に下線を引こう！

We have been walking toward death since we were born, but how many of us are aware of that? When we are young, we often don't cherish time. Some people skip classes without making much effort, and many go on to university but forget to improve themselves. It is not until we are close to death that we wake up to study, and we regret not having studied harder in our youth. Needless to say, it's never too late to learn, and it's great that elderly people are learning how to use a computer, play an instrument, etc. But if we realize at a young age that our time is limited, we will want to work harder and improve ourselves, and such an enthusiasm will probably make our society a lot better.

Mission 3

▶英文に出てきた単語や表現を確認しよう！

☐	cherish	動	大事にする、かわいがる
☐	skip	動	飛ばす、省く
☐	university	名	大学
☐	improve	動	改善する
☐	needless to say		言うまでもなく
☐	enthusiasm	名	熱意、やる気

 **Mission 4**

▶聞き取った英文の意味が理解できているかをチェックしよう！

①We have been walking toward death since we were born, but how many of us are aware of that? When we are young, we often don't cherish time. ②Some people skip classes without making much effort, and many go on to university but forget to improve themselves. It is not until we are close to death that we wake up to study, and we regret not having studied harder in our youth. Needless to say, it's never too late to learn, and it's great that elderly people are learning how to use a computer, play an instrument, etc. ③But if we realize at a young age that our time is limited, we will want to work harder and improve ourselves, and such an enthusiasm will probably make our society a lot better.

Q1 下線部①を和訳しなさい。

_____

_____

Q2 下線部②を和訳しなさい。

_____

_____

Q3 下線部③を和訳しなさい。

_____

_____

①私たちは生まれてからずっと死に向かって歩き続けているが、それを意識している人がどれぐらいいるだろう。若い頃は、時間を大切にしないことが多い。②たいした努力もしないで授業をさぼる人もいるし、大学には進むけれども自分を磨くことを忘れている人も多い。いよいよ死が近くなってきてはじめて勉強に目覚め、もっと若い頃に勉強を一生懸命にしなかったことを悔やむのである。言うまでもなく、勉強をするのに遅すぎるということはなく、お年寄りがパソコンの使い方や楽器の演奏などを学んでいるのは素晴らしい。③しかし、若い頃に自分の時間が有限であることを認識すれば、もっと努力をして自分を高めたいと思うし、おそらくそういった熱意がさらに社会をよくするだろう。

Mission 5

▶Mission 2 にある英文を見ながら、
音読トレーニング（オーバーラッピング＆シャドーイング）をしよう！

| オーバーラッピング | ☐ | ☐ | ☐ | ☐ | ☐ | ☐ | ☐ | ☐ | ☐ | ☐ |
| シャドーイング | ☐ | ☐ | ☐ | ☐ | ☐ | ☐ | ☐ | ☐ | ☐ | ☐ |

Mission 6

▶左ページにある英文訳を見ながらバックトランスレーションをして、英文の内容をしっかりマスターできたか確認しよう！

We have been _____ _____ _____ since _____ were _____,

but _____ _____ of us _____ _____ of that? When we _____

_____, we _____ don't _____ _____. Some people _____

_____ without _____ much _____, and many _____ _____ to

_____ but _____ to _____ themselves. It is _____ _____ we are

_____ to _____ _____ we _____ up to _____, and we regret not

having _____ _____ in our _____. _____ _____ _____, it's

_____ too late to _____, and it's great that _____ people are

_____ _____ to _____ a computer, _____ an instrument, etc.

But _____ we _____ at a _____ _____ that our _____ is _____,

we _____ _____ _____ work _____ and _____ ourselves, and

_____ an enthusiasm will _____ _____ our _____ a lot _____.

リスニングの勉強法や
モチベーションの上げ方を
知りたい人はこちら▶▶▶

https://tb.sanseido-publ.co.jp/gakusan/mainichi-l/

Question

▶英文を聞いて、次の問いに対する答えとして適切なものを1つ選び、番号で答えなさい。

Q **What should you do when you talk to a person you disagree with?**

① To talk with the person with all your heart.

② To make efforts to imitate the way the person talks.

③ To try to adopt the same postures as the person does.

④ To go along superficially because getting into fights is ridiculous.

(　　　　)

最後までやったら、
聞き取れるかどうか
最初からやり直せ！

Mission 1

▶ディクテーションをして、弱点を発見しよう！

When _____ _____ meet _____ _____ an

_____ _____, they _____ adopt _____ postures.

_____ _____ _____ particularly _____ and

_____ _____ the _____ about _____ _____

they _____ _____ about, _____ _____ are

_____ more _____, to _____ _____ where

_____ are _____ _____ each _____. They do not

_____ _____ by deliberately _____ _____ other;

they are _____ _____ _____ state of what is called

"postural echo." They _____ _____ this unconsciously as

_____ of the _____ natural _____ _____

camaraderie. Conversely, _____ _____ to someone

_____ whom you _____, you _____ to adopt

completely _____ postures. However, _____ a conscious

_____ to talk to someone while _____ the _____

posture, and he or she _____ _____ _____ to

compromise.

▶音声が聞き取れたかを確認し、聞き取れなかった箇所があれば、
その部分に下線を引こう！

　　When two friends meet and have an open talk, they usually adopt similar postures. When they are particularly close and feel exactly the same about the topics they are talking about, their postures are often more similar, to the point where they are almost copying each other. They do not do so by deliberately imitating each other; they are automatically in a state of what is called "postural echo." They are doing this unconsciously as part of the body's natural expression of camaraderie. Conversely, when talking to someone with whom you disagree, you tend to adopt completely different postures. However, make a conscious effort to talk to someone while maintaining the same posture, and he or she may gradually come to compromise.

🎯 **Mission 3**

▶英文に出てきた単語や表現を確認しよう！

☐	adopt	動	取り入れる、選ぶ
☐	posture	名	姿勢
☐	deliberately	副	意図的に
☐	imitate	動	まねする
☐	echo	名	反響、模倣
☐	unconsciously	副	無意識的に
☐	camaraderie	名	仲間意識
☐	conversely	副	反対に

▶聞き取った英文の意味が理解できているかをチェックしよう！

①When two friends meet and have an open talk, they usually adopt similar postures. ②When they are particularly close and feel exactly the same about the topics they are talking about, their postures are often more similar, to the point where they are almost copying each other. They do not do so by deliberately imitating each other; they are automatically in a state of what is called "postural echo." They are doing this unconsciously as part of the body's natural expression of camaraderie. ③Conversely, when talking to someone with whom you disagree, you tend to adopt completely different postures. However, make a conscious effort to talk to someone while maintaining the same posture, and he or she may gradually come to compromise.

Q1 下線部①を和訳しなさい。

_____

_____

Q2 下線部②を和訳しなさい。

_____

_____

_____

Q3 下線部③を和訳しなさい。

_____

_____

英文訳

　①2人の友人が会って打ち解けた話をするとき、似たような姿勢をとるのがふつうである。　②2人が特に親しく、また話している話題に対してまったく同じ気持ちでいるときには、2人の姿勢はもっと似てくることが多く、2人はほとんどお互いをコピーで写したというところまで似てくる。故意に真似をしてそうなるわけではなく、彼らは自動的に「姿勢反響」と呼ばれる状態になっているのである。身体による自然な仲間意識の表現の一部として無意識に行っているのである。③逆に意見の違う相手と話をする際は、2人がまったく違う姿勢を取りがちなのである。しかし、意識して相手と同じ姿勢を取りながら話をすると、徐々に相手が妥協する可能性がある。

 Mission 5

▶Mission 2 にある英文を見ながら、
　音読トレーニング（オーバーラッピング＆シャドーイング）をしよう！

オーバーラッピング	☐	☐	☐	☐	☐	☐	☐	☐	☐	☐
シャドーイング	☐	☐	☐	☐	☐	☐	☐	☐	☐	☐

🎯 **Mission 6**

▶左ページにある英文訳を見ながらバックトランスレーションをして、
英文の内容をしっかりマスターできたか確認しよう！

When _____ _____ meet _____ _____ an _____ _____,

they _____ adopt _____ _____. _____ _____ _____

particularly _____ and _____ _____ the _____ about _____

_____ they _____ _____ about, _____ _____ are _____ more

_____, to _____ _____ where _____ are _____ _____ _____

_____. They do not _____ _____ by deliberately _____ _____

other; _____ _____ _____ _____ _____ state of what is called

"postural echo." They _____ _____ this unconsciously as _____ of

the _____ natural _____ _____ camaraderie. Conversely, _____

_____ to someone _____ whom you _____, you _____ to adopt

completely _____ postures. However, _____ a _____ _____ to

_____ _____ someone while _____ the _____ posture, and he or

she _____ _____ _____ to compromise.

リスニングの勉強法や
モチベーションの上げ方を
知りたい人はこちら▶▶▶
https://tb.sanseido-publ.co.jp/gakusan/mainichi-l/

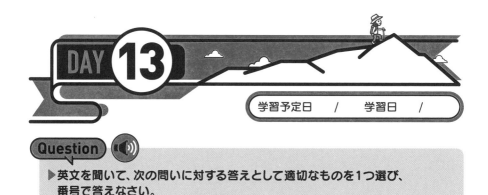

学習予定日　/　　学習日　/

Question

▶英文を聞いて、次の問いに対する答えとして適切なものを1つ選び、番号で答えなさい。

Q Choose one correct sentence from among the following options.

① If you have relatives who died of genetic diseases, you must be careful of diets.

② The effects of heredity may emerge in the form of disease only after middle age.

③ The influence of heredity gradually increases as you grow older.

④ You can't tell when you will get a disease, so it is useless to be prepared for that.

(　　　)

過去に聞いたことのある教材でもいい！毎日声を出そう！

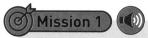

Mission 1

▶ディクテーションをして、弱点を発見しよう！

It _____ _____ believed _____ _____ _____ of heredity _____ _____ at _____, and _____ the _____ of the _____ gradually _____ with _____ age. _____ _____ glance, one _____ _____ that _____ _____ be _____. The environment _____ _____ chance _____ exerting _____ _____ infancy, whereas the _____ are all _____ _____ at _____. However, it is _____ _____ _____. _____ is _____ that _____ _____ _____ do not _____ _____ until _____ _____. In the case of _____ _____, heredity is programmed to _____ _____ _____, so to _____, _____ after _____ years. Therefore, _____ is _____ to keep _____ _____ such _____ diseases even _____ middle _____.

Mission 2

▶音声が聞き取れたかを確認し、聞き取れなかった箇所があれば、
その部分に下線を引こう！

It is generally believed that the influence of heredity is greatest at birth, and that the influence of the environment gradually increases with advancing age. At first glance, one would think that this must be true. The environment has little chance of exerting itself in infancy, whereas the genes are all in place at birth. However, it is not always true. It is known that some genetic diseases do not become apparent until middle age. In the case of some diseases, heredity is programmed to be turned on, so to speak, only after many years. Therefore, it is important to keep watching for such genetic diseases even after middle age.

Mission 3

▶英文に出てきた単語や表現を確認しよう！

☐	heredity	名	遺伝
☐	advance	動	進む、（年を）とる
☐	at first glance		一見すると
☐	exert	動	及ぼす、働かせる
☐	infancy	名	幼児期
☐	gene	名	遺伝子
☐	in place		準備が整って
☐	so to speak		いわば

 **Mission 4**

▶聞き取った英文の意味が理解できているかをチェックしよう！

①It is generally believed that the influence of heredity is greatest at birth, and that the influence of the environment gradually increases with advancing age. At first glance, one would think that this must be true. The environment has little chance of exerting itself in infancy, whereas the genes are all in place at birth. However, it is not always true. ②It is known that some genetic diseases do not become apparent until middle age. In the case of some diseases, heredity is programmed to be turned on, so to speak, only after many years. ③Therefore, it is important to keep watching for such genetic diseases even after middle age.

Q1 下線部①を和訳しなさい。

Q2 下線部②を和訳しなさい。

Q3 下線部③を和訳しなさい。

英文訳

①遺伝の影響は生まれた時が最大で、年齢が進むにつれて環境の影響が徐々に増大すると一般的には考えられている。一見するとこれは真実であるに違いないと思われるだろう。生まれた時には遺伝子は全部そろっているのに対し、乳児期に環境が作用を及ぼす機会はほとんどないのだからである。しかし、それは必ずしも真実ではない。②遺伝による病気のいくつかは中年になってはじめて明らかになることが知られている。いくつかの病気の場合において、遺伝はいわば何年も経ったあとでやっとスイッチが入るようにプログラムされているのである。③したがって、中年以降もそういった遺伝的病気に注意し続けることが重要である。

▶Mission 2にある英文を見ながら、
　音読トレーニング(オーバーラッピング&シャドーイング)をしよう！

オーバーラッピング										
シャドーイング										

Mission 6

▶左ページにある英文訳を見ながらバックトランスレーションをして、
英文の内容をしっかりマスターできたか確認しよう！

It _____ _____ _____ _____ _____ _____ of

heredity _____ _____ at _____, and _____ the _____

of the _____ gradually _____ with _____ age. _____

_____ glance, one _____ _____ that _____ _____ be

_____. The _____ _____ _____ chance _____

exerting _____ _____ _____, whereas the _____ are

all _____ _____ at _____. However, it is _____ _____

_____. _____ is _____ that _____ _____ _____ do

not _____ _____ until _____ _____. In the case of

_____ _____, heredity is _____ to _____ _____

_____, so to _____, _____ after _____ years. _____,

_____ is _____ to keep _____ _____ such _____

_____ even _____ _____ _____.

リスニングの勉強法や
モチベーションの上げ方を
知りたい人はこちら▶▶▶
https://tb.sanseido-publ.co.jp/gakusan/mainichi-l/

学習予定日　　/　　　学習日　　/

Question

▶英文を聞いて、次の問いに対する答えとして適切なものを1つ選び、番号で答えなさい。

Q Choose one correct sentence from among the following options.

① Working or studying without sleeping enough will lead you to success in life.

② The sleep hours required vary from person to person, but you should get more than eight hours.

③ If you sleep too long, you may feel sleepy in your waking hours.

④ You should get enough sleep to concentrate on your work or study in your waking hours.

（　　　　）

お疲れ様でした！
これからも音読トレーニングを続けよう！

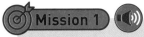

Mission 1

▶ディクテーションをして、弱点を発見しよう！

Getting _____ _____ night's _____

_____ probably _____ _____ _____ thing

_____ _____ _____ to _____ our

_____. Sleep is _____ _____ of _____ the

wounds of _____ _____ and mind. The _____

of _____ time necessary _____ from _____ to

_____. For _____, it _____ _____ that

Napoleon _____ _____ about _____ _____

a day, _____ many _____ _____ may

_____ more _____ _____ _____ of sleep.

It is _____ for _____ _____ and children

_____ _____ how _____ _____ is

_____ for them, and it goes _____ _____ that

the _____ to living in _____ _____ is to

_____ _____ time. It's _____ to get _____

_____ and _____ on _____ you _____ to

do _____ _____ _____ hours.

▶音声が聞き取れたかを確認し、聞き取れなかった箇所があれば、
その部分に下線を引こう！

Getting a good night's sleep is probably the most important thing we can do to maintain our health. Sleep is the act of repairing the wounds of the body and mind. The amount of sleep time necessary varies from person to person. For example, it is said that Napoleon slept only about three hours a day, whereas many young people may need more than ten hours of sleep. It is important for both adults and children to know how much sleep is enough for them, and it goes without saying that the secret to living in good health is to get that time. It's vital to get enough sleep and focus on what you want to do in your waking hours.

Mission 3

▶英文に出てきた単語や表現を確認しよう！

☐	maintain	動	維持する
☐	wound	名	傷
☐	amount	名	量、総計
☐	vary	動	異なる、変化する
☐	whereas	接	〜であるのに
☐	it goes without saying that 〜		〜は言うまでもない
☐	vital	形	不可欠な
☐	focus on 〜		〜に集中する
☐	waking hours		起きている時間

 **Mission 4**

▶聞き取った英文の意味が理解できているかをチェックしよう！

① Getting a good night's sleep is probably the most important thing we can do to maintain our health. Sleep is the act of repairing the wounds of the body and mind. The amount of sleep time necessary varies from person to person. ② For example, it is said that Napoleon slept only about three hours a day, whereas many young people may need more than ten hours of sleep. It is important for both adults and children to know how much sleep is enough for them, and it goes without saying that the secret to living in good health is to get that time. ③ It's vital to get enough sleep and focus on what you want to do in your waking hours.

Q1 下線部①を和訳しなさい。

_____

_____

Q2 下線部②を和訳しなさい。

_____

_____

Q3 下線部③を和訳しなさい。

_____

_____

　①夜にぐっすり寝ることは、人間が健康を維持するためにはおそらく最も大切であると言えるだろう。睡眠は身体や心の傷を修復する行為だからである。必要な睡眠時間には個人差がある。　②たとえば、ナポレオンは日に3時間程度しか寝なかったと言われている一方、若い人たちの場合には10時間以上必要だという人も多いかもしれない。大人も子どもも自分にとって十分な睡眠時間を知ることは大切であり、言うまでもないことだが、その時間を確保することが健康の秘訣であろう。　③十分な睡眠時間をとり、起きている時間に集中して自分のやりたいことに取り組むことが大切なのである。

Mission 5

▶Mission 2にある英文を見ながら、
音読トレーニング（オーバーラッピング＆シャドーイング）をしよう！

オーバーラッピング	☐	☐	☐	☐	☐	☐	☐	☐	☐	☐
シャドーイング	☐	☐	☐	☐	☐	☐	☐	☐	☐	☐

🎯 **Mission 6**

▶左ページにある英文訳を見ながらバックトランスレーションをして、
英文の内容をしっかりマスターできたか確認しよう！

_____ _____ _____ night's _____ _____ probably

_____ _____ _____ thing _____ _____ _____ to

_____ our _____. _____ is _____ _____ of _____

the _____ of _____ _____ and mind. The _____ of

_____ time _____ _____ from _____ to _____. For

_____, it _____ _____ that Napoleon _____ _____

about _____ _____ a day, _____ many _____ _____

may _____ more _____ _____ _____ of sleep. It is

_____ for _____ _____ and children _____ _____

how _____ _____ is _____ for them, and it _____

_____ _____ that the _____ to living in _____

_____ is to _____ _____ _____. It's _____ to get

_____ _____ and _____ on _____ you _____ to do

_____ _____ _____ hours.

リスニングの勉強法や
モチベーションの上げ方を
知りたい人はこちら▶ ▶ ▶
https://tb.sanseido-publ.co.jp/gakusan/mainichi-l/

Review 2 — DAY 8〜14で学習した単語を復習しよう。

次の表の空所に日本語の意味や英単語を書き入れよう。忘れているものは即座に覚えよう。

英語	日本語	答え
amount		▶DAY 14
	捧げる、（時間を）割く	▶DAY 10
	必要とする、要求する	▶DAY 9
labor		▶DAY 10
enthusiasm		▶DAY 11
	国家、国民	▶DAY 9
encourage … to 〜		▶DAY 9
vary		▶DAY 14
	一見すると	▶DAY 13
	〜に気づいている	▶DAY 8
adopt		▶DAY 12
wound		▶DAY 14
	維持する	▶DAY 14
be involved in 〜		▶DAY 10
whereas		▶DAY 14
advance		▶DAY 13
	改善する	▶DAY 11
	〜を利用する	▶DAY 8
imitate		▶DAY 12
	指示する、教える	▶DAY 10
citizen		▶DAY 9
	目的、意図	▶DAY 9
it goes without saying that 〜		▶DAY 14
	遺伝子	▶DAY 13
so to speak		▶DAY 13

コラム 2〜英語を勉強する意味は？〜

　木村先生はいつから英語が好きになったのですか？とよく尋ねられます。僕は英語が好きだと感じたことは一度もありません。英語はものを伝えるための道具です。のこぎりと同じです。いつからのこぎりが好きになったのですか？と尋ねられても困りますよね。木を切るために使っているだけのこと。英語も同じです。

　僕は勉強をしていい大学に行ってやろうなんて思ったことがありません。高校時代も大学時代も同じ。大学時代は人生の中で大切な時期ではありますが、それを就職のための準備期間だととらえることはありませんでした。

　それよりも僕はどう生きるかということを常に考えてきました。企業に入って働く自分がどうしてもイメージできませんでした。中学時代にお世話になった国語の先生から「君の書く文章は非常に読みやすいから、作家になればいい」と言っていただいたのをきっかけに、日本語や英語を勉強し、本を書いて生きていこうと思っていました。作家と言っても小説家や絵本作家、構成作家や漫画家など、さまざまな作家がいます。僕はとりあえず日本語と英語を勉強しておいて、作家になったときに日本語でも英語でも文章が書けるようにしておこうと考えました。

　結果的に英語を勉強しておいたおかげで、こうしてみなさんに本をお届けできるようになりました。また、数年前から専門学校で絵を学んでいます。近い将来、日本語でも英語でも絵本を創って、世界中の子どもたちに届けようと考えて準備しています。さて、みなさんは英語という道具を使って何を創りますか？　人によって英語を勉強する理由は異なります。あなたはその道具をどのように使いますか？

DAY 1

Q. グラウンドゼロとは何ですか。

①有名な博物館で、そこでは米国の歴史から多くの出来事について学ぶことができる。
②一種の教会で、そこではアメリカ人が殺された人々に祈りを捧げている。
③ニューヨークの記念公園で、そこでは大人も子どもも楽しく過ごしている。
④追悼の場所で、2001年に破壊された世界貿易センタービルの跡地である。

DAY 2

Q. ロンドンで外出中にトイレに行く必要があるとき、どうしたらよいですか。

①トイレを使用するためにお金を支払わなければならない。
②大きな書店を探さなければならない。
③有料トイレを使用するためにホテルに入らなければならない。
④トイレを使用するようにコンビニの店員に頼まなければならない。

DAY 3

Q. 話者によれば、私たちが一生懸命に勉強するべきなのはなぜですか。

①自分を鍛えてお金を稼ぐため。
②ほかの誰かから助けてもらうため。
③社会の中でほかの人々を支えるため。
④出世するため。

DAY 4

Q. 話者によれば、正しい文はどれですか。

①日本には約30の米軍基地があり、その多くは沖縄にある。
②日本人は許可なく米軍基地に立ち入ることはできない。
③米兵は米軍基地から外出できるが、許可を得なければならない。
④現在の米軍基地は不要であると多くの日本人が考えている。

DAY 5

Q. 目標や夢を見つけるためには、何をしなければなりませんか。

①教養を身につけるため、机に向かってできる限り一生懸命に勉強すること。
②大企業で成功したビジネスリーダーたちと話すこと。
③様々な行動を通して将来の夢を探そうとすること。
④たくさんの本を読んで映画館で映画を見ること。

DAY 6

Q. 話者が言いたいことは何ですか。

①新たな感染症に備えることは重要である。
②重症にならなければ感染症は問題とはならない。
③新型コロナウィルスの原因がついにわかった。
④私たちの歴史が感染症との戦いであったとはとても言えない。

DAY 7

Q. 話者は糖質制限ダイエットについて何と言っていますか。

①血管によい影響があるが、念のため医者に相談すべきである。
②減量には役立つことがあるが、見た目は悪くなるだろう。
③世界中で支持されているが、多くの医者は勧めていない。
④とても危険になり得るので、医者の指導の下で行うべきである。

DAY 8 Q. SNS の最大の弱点は何ですか。

①個人情報が世界中に漏れる可能性がある。
② SNS が妨げとなってやるべきことができなくなってしまう。
③友人のふりをして近づいてくる人がいるかもしれない。
④ほかの人たちとグループを作った後で問題が起きることがよくある。

DAY 9 Q. 各国が国民に自国の歴史を学ぶよう奨励するのはなぜですか。

①国民が過去の過ちについてじっくり考え、再び戦争が起こることを防ぐため。
②国民が過去から多くを学び、諸外国との競争に勝つため。
③適切な歴史認識によって、国民は教養を身につけることができるため。
④その国の歴史を学ぶことで、国民は母国を愛するようになるため。

DAY 10 Q. 日本の教育における最大の問題は何であると話者は言っていますか。

①教師になりたがっている生徒の数が減っている。
②家で仕事をしている教師の数が増えている。
③教師の労働条件があまりよくない。
④教師と生徒の間のコミュニケーションが不足している。

DAY 11 Q. スピーチの主題は何ですか。

①私たちの時間は限られていると若いうちに気づけば、自分を磨くための時間を大切にするだろう。
②限られた時間しかないのだから、他人に迷惑をかけない限り自由に生きてよい。
③お年寄りが自分を磨くために多大な努力をすることは素晴らしい。
④若いときに一生懸命に勉強しておけばよかったと感じている高齢者は多い。

DAY 12 Q. 意見の合わない人と話すときにはどうしたらよいですか。

①心を込めてその人と話す。
②その人の話し方を真似るよう努力する。
③その人と同じ姿勢をとるようにする。
④けんかになるのはばかばかしいので表面的に合わせる。

DAY 13 Q. 以下の選択肢から正しい文をひとつ選びなさい。

①遺伝病が原因で亡くなった親戚がいる場合は、食事に気をつけなければならない。
②遺伝の効果は中年を過ぎてから病気という形で現れることもある。
③遺伝の影響は年をとるにつれて徐々に増大する。
④いつ病気になるかはわからないので、準備をしても無駄である。

DAY 14 Q. 以下の選択肢から正しい文をひとつ選びなさい。

①十分に眠ることなく仕事や勉強をすることは、人生の成功につながる。
②必要な睡眠時間は人によって異なるが、8時間を超えるのが望ましい。
③長く眠りすぎると、起きている時間に眠く感じることがある。
④起きている時間に仕事や勉強に集中できるよう、十分な睡眠をとるべきである。

●著者紹介

木村達哉

1964年1月29日生まれ。奈良県出身。関西学院大学文学部英文学科卒業。西大和学園教諭として10年間教鞭をとったあと、灘中学校・高等学校に赴任。教員以外にも、執筆業やチームキムタツを運営するなど多方面で活躍。趣味は料理とダイエット。また、野球が好きで、灘校に赴任して以来、野球部の顧問を務めている。主な著書は『キムタツ・シバハラの 英作文、対談ならわかりやすいかなと思いまして。』（三省堂）、『ユメタン』シリーズ（アルク）など多数。

デ ザ イ ン　米倉八潮（Vsigns Graphic 合同会社）
イ ラ ス ト　オオノマサフミ
撮　　　影　株式会社メディアパートメント（杉野正和）
録　　　音　株式会社巧芸創作
英 文 校 閲　Freya Martin　James Buck
編 集 協 力　福本健太郎
Ｄ　Ｔ　Ｐ　亜細亜印刷株式会社
協　　　力　チームキムタツ

毎日続ける！　英語リスニング2　英検2級レベル

2021年2月12日　第1刷発行

著　者	木村達哉
発行者	株式会社三省堂
	代表者 瀧本多加志
印刷者	三省堂印刷株式会社
発行所	株式会社三省堂

〒101-8371 東京都千代田区神田三崎町二丁目22番14号
電話 編集（03）3230-9411
営業（03）3230-9412
https://www.sanseido.co.jp/

©KIMURA Tatsuya 2021　　　　　　　　　　　　　Printed in Japan

落丁本・乱丁本はお取り替えいたします。　　　〈毎日リスニング2・96pp.〉

ISBN978-4-385-26039-6